Practice Your Spanish!

A Comprehensive Collection of Spanish Exercises

Levels of Difficulty:

Low	★
Medium	★★
High	★★★

By: Cesar Torreblanca

Other Publications by the Author:

César has created and published several books and they are available now. They all have one common goal: To help anyone who is learning Spanish! Whether you are a beginner or at the point of fluency, you are sure to benefit from their content!

"Learn Spanish *Vocabulary* - Crosswords

A **4-Volume series** to help students practice and expand their Spanish **vocabulary**. A great addition to your Spanish reference toolbox.

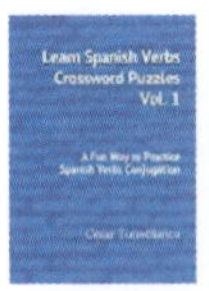

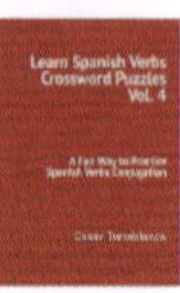

"Learn Spanish *Verbs* - Crosswords"

A series that also consists of **four Volumes**. Each with 50 crossword puzzles that will engage students in conjugating over 200 hundred **common verbs**. It deals with the basic verb forms (the ones you will need to get around!)

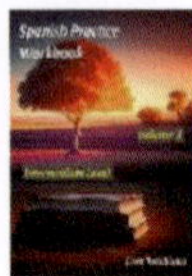

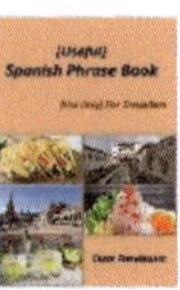

"Práctica... Práctica... Práctica...!"

These workbooks are a comprehensive collection of practice exercises. Vol. 1 for Beginners, Vol. 2 for Intermediate, an additional book for ALL levels.
Also, a fourth book: a handy Phrasebook with a corresponding audiobook and e-book.

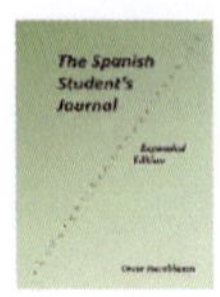

"Organize Your Work and Learn *Smarter*"

Journals will help you keep all your learning notes in one spot! The 'Compact Edition' (9x6 in.) is small in size so you can take it with you everywhere. The "Expanded Edition' (10x8 in.) is larger and offers little more content.

"The Mega Book of Word Puzzles"

Crosswords, Find-A-Word, Jumbled Words & Letter Drop! 100+ pages of fun and educational material!

Table of Contents

Introduction

Spanish is the most popular language being learned. My job and my passion are to help anyone learning it. This is why I wrote this **"Comprehensive Collection of Spanish Exercises"***: to benefit all students regardless of their level.*

This book is designed to benefit ***all levels*** *of language ability. The exercises for a beginner are first in the book and marked with one star: "★". Intermediate difficulty have two stars and the most difficult exercises are identified by three stars.*

If you consider yourself an advanced student, I urge you to do ***all exercises*** *as you may just find a challenge or two even while doing the easy sections.*

At all levels, you will find several types of exercises: fill in the blanks, translations, multiple choice, etc.

Please, drop me a line if you have any comments or suggestions for future publications. This is what sets my workbooks apart from all others: ***You can communicate directly with me, the author****!. If you have purchased the book from Amazon,* ***a rating and a comment would be immensely appreciated****!*

I have nothing but ***best wishes of success*** *for you on your language learning journey. ¡Buena suerte!*

César

cesar@torreblanca.ca
www.torreblanca.ca

Conjugación de Verbos Básicos★

Selecciona una letra de la columna de la derecha que coincida con la conjugación correcta en la columna de la izquierda:

1.	*I am [nervous]*	*i*	a. puedes
2.	He is *[tall]*		b. va
3.	We want		c. voy
4.	I speak		d. pueden
5.	We have		e. hablo
6.	You are *[tired]*		f. tengo que
7.	They speak		g. queremos
8.	You can		h. tengo
9.	You are *[tall]*		*i. estoy*
10.	You (plural) can		j. está
11.	I go		k. puede
12.	They are *[friends]*		l. es
13.	She is *[happy]*		m. estamos
14.	She can		n. tenemos que
15.	He works		o. hablan
16.	We are *[sad]*		p. eres
17.	We have to		q. trabaja
18.	I have		r. tenemos
19.	I have to		s. son
20.	She goes		t. estás

Los Verbos "SER" y "ESTAR" ★

Llena los espacios en blanco con la forma correcta del verbo SER o ESTAR:

1. Juana y Alicia _____ profesoras. Ellas _________ muy inteligentes.
2. Esa botella _______ de plástico.
3. Esa botella _______ vacía.
4. El avión no ________ lleno.
5. Canadá ____________ más grande que México.
6. México __________ al sur de Canadá.
7. Mi casa no _______ cara pero __________ en un sitio muy bonito.
8. Nosotros no ___________ cansados.
9. La reunión __________ en la oficina de Carlos.
10. ¡Hola Pedro! ¿Cómo __________?
11. Esos libros ___________ muy interesantes.
12. La familia de Carol ___________ en Londres, Inglaterra.
13. La familia de Carol ___________ de Londres, Inglaterra.
14. Estos autos no ________ muy baratos pero ________ muy buenos.
15. La puerta de mi casa ___________ abierta.
16. Lima _______ la capital de Perú. Lima ________ en la costa del país.
17. La limonada de Jorge ___________ muy fría.
18. Las flores favoritas de mi mamá ________ las rosas.
19. Los libros de español ___________ en la mesa de la cocina.
20. La mesa de la cocina ___________ cuadrada.

¿Qué Hora Es? ★

Escribe en la línea correspondiente la hora que el reloj muestra:

a. ________________________________

b. ________________________________

c. ________________________________

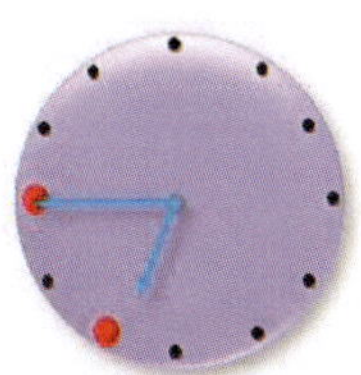

d. ________________________________

e. ________________________________

f. ________________________________

Práctica de Vocabulario ★

Traduce las palabras en la lista y escríbelas en los espacios correctos en la tabla:

C	*l*	*a*	*s*	*e*					
A									
S									
T									
E									
L									
L									
A									
N									
O									

Student: _______________

Lesson: _______________

Book: _______________

Alphabet: _______________

~~Class:~~ *Clase*

Object: _______________

Accent: _______________

Homework: _______________

To know: _______________

Nations: _______________

Práctica de Verbos Básicos ★

I. Usa el verbo indicado de la manera correcta llenando los espacios en blanco. (If the symbol "¿?" is shown, you must determine the appropriate verb):

1. *María va a _ir_ a su oficina el sábado porque _tiene_ mucho trabajo.*
(ir / tener)

2. Lo siento, pero no __________ _______ a la reunión.
(poder / ir)

3. El banco _______ muy lejos. Yo no ___________ caminar hasta allá.
(¿? / querer)

4. ¿Quiénes ________ esos chicos? Ellos _________ mis amigos del colegio. *(¿? / ¿?)*

5. Nosotros _____________ que ______ al dentista cada seis meses.
(tener / ir)

6. Hoy __________ mucho calor. ¿Quieres _______ a la playa?
(¿? / ir)

7. Nicolás y su novia no ______ ir al cine hoy. Nicolás _______ enfermo.
(poder/¿?)

8. Yo no _________ _________ contigo hoy. No _________ tiempo.
(poder / hablar / tener)

9. Mi esposa no __________ muy bien. Ella no __________ ir al cine.
(¿? / poder)

10. Yo __________ mucha sed. __________ ganas de un vaso de limonada.
(tener / ¿?)

11. ¿Quién ________ ese señor? Ese señor ________ el amigo de mi papá.
(¿? / ¿?)

12. Doris __________ ______ de vacaciones. Ella __________ ir a Brasil.
(querer / ir / querer)

13. El auto de Enrique __________ blanco pero __________ muy sucio.
(¿? / ¿?)

14. Tu café __________ muy frío. Tú __________ un café caliente, ¿no?
(¿? / querer)

15. ¿Qué hora __________? __________ las diez de la mañana.
(¿?/ ¿?)

16. Ayer ____ la fiesta de María. Yo __________ allí hasta las 3:00 a.m.!
(¿? / estar)

II. Llena las casillas vacías con las letras apropiadas y en orden, para deletrear la forma del verbo que se muestra en inglés:

1	*I have*	*t*	*e*	*n*	*g*	*o*				
		g	n	t	e	o				
2	We are [at]									
		e	t	a	o	s	m	s		
3	He can									
		p	e	d	u	e				
4	They go									
		n	a	v						
5	I can									
		u	e	d	p	o				
6	You had									
		i	v	t	s	u	e	t		
7	We are									
		s	o	s	m	o				
8	I go									
		o	y	v						
9	You did									
		c	i	s	h	i	t	e		
10	We could									
		u	p	d	m	i	s	o		
11	You went									
		f	i	t	e	u	s			
12	You were [at]									
		s	t	v	e	u	i	s	t	e
13	I did									
		i	h	c	e					
14	I am [at]									
		y	s	e	o	t				

Práctica con el Verbo "IR" ★

I. Traduce las siguientes frases del español al inglés:

1. No puedo ir al mercado. Tengo que ir a la casa de mi tío.

____

2. ¿Fuiste al bar después del concierto? No, fui solo al concierto.

____

3. No voy a ir a la tienda esta noche. Ya fui esta mañana.

____

4. ¿Dónde vamos a comer? Vamos a ir a un restaurante italiano.

____

5. ¿Con quién fuiste a la fiesta de Carmen? Fui con mi esposo.

____

II. Traduce las siguientes frases del inglés al español:

1. Are you going to go to the office tomorrow?

____

2. They can't go to the party.

____

3. We went three times to that restaurant.

____

4. I am going to go to my house in two hours.

____

5. Do you like to go to the movies?

____

Práctica con el Verbo "TENER" ★

Selecciona la mejor traducción de las siguientes oraciones:

1. *I have three brothers. You have two.*
   a. Yo tengo tres hermanos. Tú tienen dos.
   b. Yo tuve tres hermanos. Tú tienes dos.
   c. Yo tengo que tres hermanos. Tú tienes que dos hermanos.
   d. Yo tengo tres hermanos. Tú tienes dos.

2. *Do you feel like going to the movies?*
   a. ¿Quieres ir al cine?
   b. ¿Tienes que ir al cine?
   c. ¿Tienes ganas de ir al cine?
   d. ¿Tienes ganas de vas al cine?

3. *How old is your son?*
   a. ¿Cómo años tiene tu hermano?
   b. ¿Tienes un hijo?
   c. ¿Cuántos años tiene tu hijo?
   d. ¿Cuántos años tuvo tu hermano?

4. *I have to go to school tomorrow.*
   a. Tengo que ir al colegio mañana.
   b. Tengo que ir al colegio después.
   c. Voy a tener que ir al colegio mañana.
   d. Tenemos que vamos al colegio mañana.

5. *We are very thirsty. We have to drink water now.*
   a. Estamos mucha sed. Tenemos que tomar agua ahora.
   b. Tenemos mucha agua. Tenemos que tomar agua hoy.
   c. Tengo mucha sed. Tengo que tomar agua ahora.
   d. Tenemos mucha sed. Tenemos que tomar agua ahora.

6. *I have to go to the office. I have a lot of work.*
   a. Tuve que ir a la oficina. Tuve mucho trabajo.
   b. Tengo que ir a la oficina. Tengo mucho trabajo.
   c. Tengo voy a la oficina. Tengo muy trabajo.
   d. Tener que ir a la oficina. Tengo que trabajar mucho.

Práctica de Vocabulario - Crucigrama 1

Complete the grid by writing the correct words. You will find that Across (Horizontal) and Down (Vertical) clues are in both, English and Spanish. On the grid, enter the English word for the Spanish term shown as a clue and viceversa.
"Acentos" have been overlooked. Also, keep in mind that words may have different meanings. Write down the one that fits.

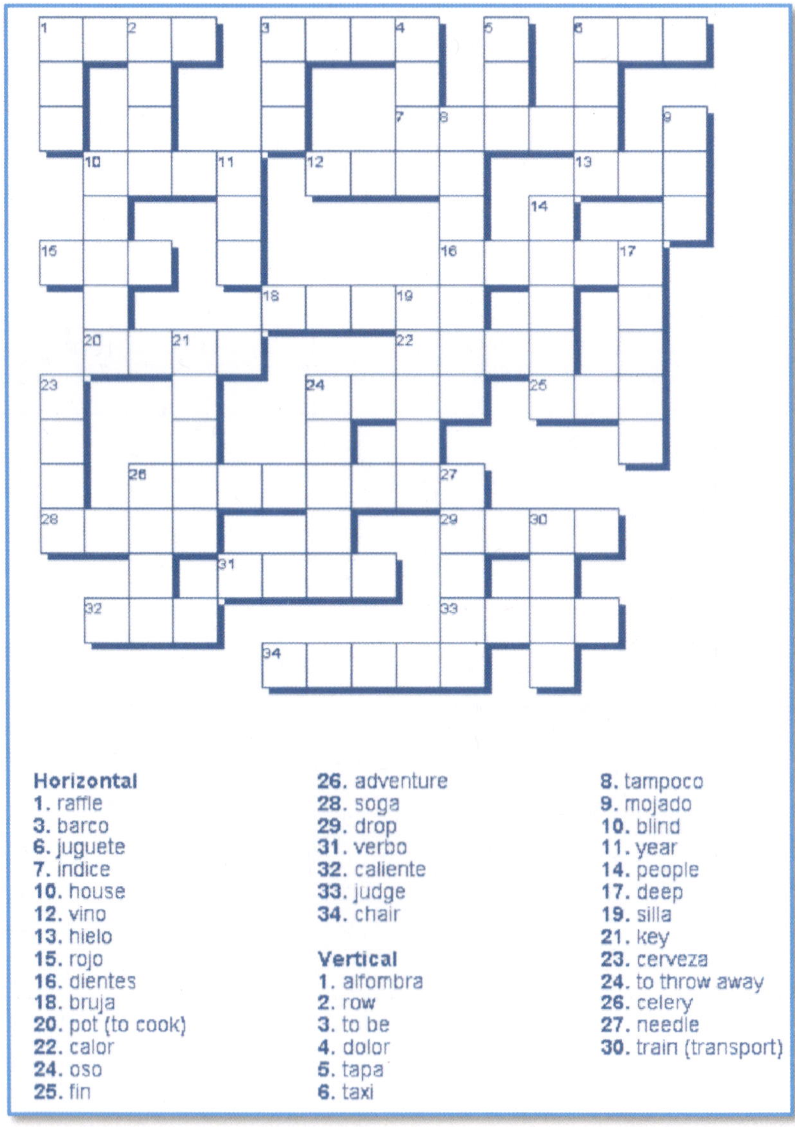

Horizontal
1. raffle
3. barco
6. juguete
7. indice
10. house
12. vino
13. hielo
15. rojo
16. dientes
18. bruja
20. pot (to cook)
22. calor
24. oso
25. fin
26. adventure
28. soga
29. drop
31. verbo
32. caliente
33. judge
34. chair

Vertical
1. alfombra
2. row
3. to be
4. dolor
5. tapa
6. taxi
8. tampoco
9. mojado
10. blind
11. year
14. people
17. deep
19. silla
21. key
23. cerveza
24. to throw away
26. celery
27. needle
30. train (transport)

Pronombres y Adjetivos Demostrativos ★

Usa el adjetivo/pronombre demostrativo correcto (ese, este, esa, esta, eso, esto) para completar las oraciones correctamente:

1. Mi auto no es ______. *My car is not that one.*

2. ______ chicos son mis amigos. *Those kids are my friends.*

3. ______ cerveza no está muy fría. *This beer is not very cold.*

4. ________ botellas están rotas. *Those bottles are broken.*

5. ¿No quieres ________ revistas? *Don't you want these magazines?*

6. No quiero hablar de ______ . *I don't want to talk about that.*

7. ¿Puedes hablar con ______ clientes? *Can you speak with these customers?*

8. ______ coche es rojo. ______ es azul. *This car is red. That one is blue.*

9. ______ camisa es de Roberto. *That shirt is Robert's.*

10. ______ zapatos son de Roberto. *Those shoes are Roberto's.*

11. _____ chica es Rosa. _____ chico es Pepe. *That girl is Rosa. That boy is Pepe.*

12. Yo puedo hacer _________ ejercicios solo. *I can do these exercises alone.*

13. ___________ auto es el mejor. *That car is the best.*

14. ¡ _______ es muy importante....! *This is very important!*

15. ¡ _______ documento es muy importante! *This document is very important!*

16. ¿Qué es ________ ? *What is this?*

17. No me gustan ________ vinos. Me gustan ________. *I don't like these wines. I like those.*

18. ____ mujer es María. Ella es tía de _____ chicas. *That woman is Maria. She is the aunt of those girls.*

Posesivos ★

I. Usa el adjetivo o pronombre posesivo de la manera correcta:

1. ¿Cuál es _____________ habitación?
   Which one is our room?

2. Esta camisa no es ___________.
   This shirt is not mine.

3. Estos libros no son _________ . Son _________ Paula.
   These books are not yours. They are Paula's

4. Julia y Rosa son __________ hermanas.
   Julia and Rosa are my sisters.

5. Julia es __________ hermana.
   Julia is my sister.

6. ¿Esta es ______ casa? Sí, esta casa es _________ .
   This is your house? Yes, this house is mine.

7. El auto rojo no es _____ ______________ .
   The red car is not ours.

8. ________________ auto es el azul.
   Our car is the blue one.

9. María es amiga _________. Ella es la esposa _________ Tomás.
   Maria is a friend of mine. She's Tomas' wife.

10. Cecilia, Mónica y Susana son amigas ___________ .
    Cecilia, Monica and Susana are friends of yours.

11. Hoy es _____ cumpleaños. ¿Dónde están ______ regalos?
    Today is my birthday. Where are mi gifts?

12. ¿Estas maletas son _____________? No, ____________ maletas son esas.
    Are these suitcases yours? No, our suitcases are those.

II. Selecciona la mejor traducción para las siguientes oraciones:

1. The bottle of water is mine.
   a. La botella de agua es de yo.
   b. Esa botella de agua es mío.
   c. La botella de agua es mía.
   d. Esa botella de agua no es mí.

2. Our dog's name is Pepito
   a. El nombre de tu perro es Pepito.
   b. Pepito es el nombre de nuestro perro.
   c. Nuestro perro's name es Pepito.
   d. Nuestros perros nombre es se llama Pepito.

3. Which ones are your suitcases?
   a. ¿Cuáles son tus maletas?
   b. ¿De quién es esa maleta?
   c. ¿Cuál es sus maletas
   d. ¿Cuáles son las maletas de tú?

4. These are not Pedro's books.
   a. Estos no son Pedro's libros.
   b. Estos sí son los libros de Pedro's.
   c. Los libros de Pedro son estos.
   d. Estos no son los libros de Pedro.

5. Is this passport yours? No, that passport is my husband's.
   a. ¿Este es tu pasaporte? No, ese es el pasaporte de mi esposo.
   b. ¿Este es tu pasaporte? No, ese es mi esposo's pasaporte.
   c. ¿Este pasaporte es tuyo? No, ese es el pasaporte de mi esposo.
   d. ¿Tu pasaporte es ese? No, mi pasaporte está en mi casa.

6. This apple is mine and that one is yours.
   a. Esta manzana es mía y esa es tu manzana.
   b. Esta manzana es mía y esa es tuya.
   c. Esta es mi manzana y esa es tu manzana.
   d. Esta manzana es de mí y esta manzana es tuya.

Habilidad Auditiva I ★

This is an audio exercise. Copy the **complete** URL on to your browser and your system's audio program will play the clip. Listen to the story very carefully.

As you listen to the story, do a full transcription. In other words, 'write in Spanish' the whole content of the recording.

You can also read along (aloud) and translate it. Don't forget to write down all the new words and review them later...!

https://torreblanca.ca/Homework/HabilidadAuditivaI-Juan.mp3

To check your work: The URL below is where you can download the full script. Try doing the transcription on your own first...!

https://torreblanca.ca/Homework/HabilidadAuditivaI-Juan.docx

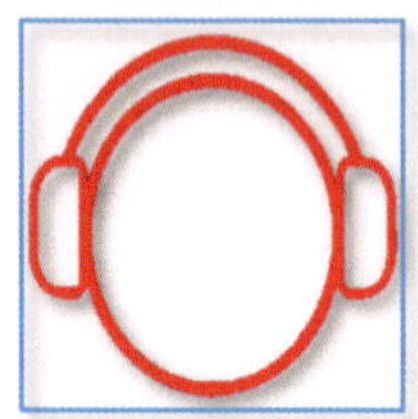

Práctica de Vocabulario - Buscapalabras ★

p	i	m	i	e	n	t	a	j	o
a	g	u	j	a	e	o	n	u	s
n	a	c	v	p	b	r	g	g	o
t	t	b	i	u	l	t	e	a	b
e	o	a	d	e	i	u	l	r	r
n	l	s	r	r	n	g	l	a	i
e	l	e	i	t	a	a	o	y	n
d	a	i	o	a	j	n	v	o	o
o	f	e	o	a	a	p	e	r	u
r	i	o	c	m	p	a	r	e	d

Palabras
aguja
ajo
angel
base
caja
cien
feo
gato
jugar
lio
llover
mano
neblina
olla
oso
pan
pared
peru
pimienta
puerta
rayo
rio
sobrino
tenedor
tortuga
tos
vidrio

Práctica de Preposiciones ★★

Llena los espacios en blanco con la preposición correcta. La lista a continuación muestra las preposiciones que debes usar (también son las más comunes):

a al de del que en con sin por para

Yo voy _______ mi mamá _______ mercado todos los sábados _______ la mañana. Pero, antes ______ ir ______ mercado, tenemos ______ ir ______ la carnicería. Mi familia come mucha carne y nos gusta mucho. Comemos carne _____ res, pollo, etc. Esta carnicería es ______ papá de mi amigo José; la carne _____ tienen es muy buena y ______ grasa...!

Después _____ la carnicería, vamos _____ supermercado. Allí compramos muchas cosas ______ la familia. Frutas y verduras ________ mi hermana, té _______ mi abuelita, galletas _____ chocolate _____ mi hermanito y, cerveza _____ mi papá.

Después ______ comprar carne y comida, regresamos _____ la casa ______ limpiar. Mi papá trabaja _____ el jardín y mi mamá y mi hermana limpian la sala y los dormitorios. Yo estoy _____ mi abuelita _____ la cocina preparando el almuerzo.

_____ la tarde, yo voy _____ cine _____ mis amigos. Las películas ______ más me gustan son las películas ______ acción y _____ romance. _____ mí, ir ______ cine es la mejor parte _____ fin de semana.

Práctica de Vocabulario - Crucigrama 2

Completa el crucigrama llenando las casillas con la palabra correcta en inglés o en español según las pistas. Ten cuidado con las palabras que tienen diferentes significados. Escribe la apropiada para el número de casillas.

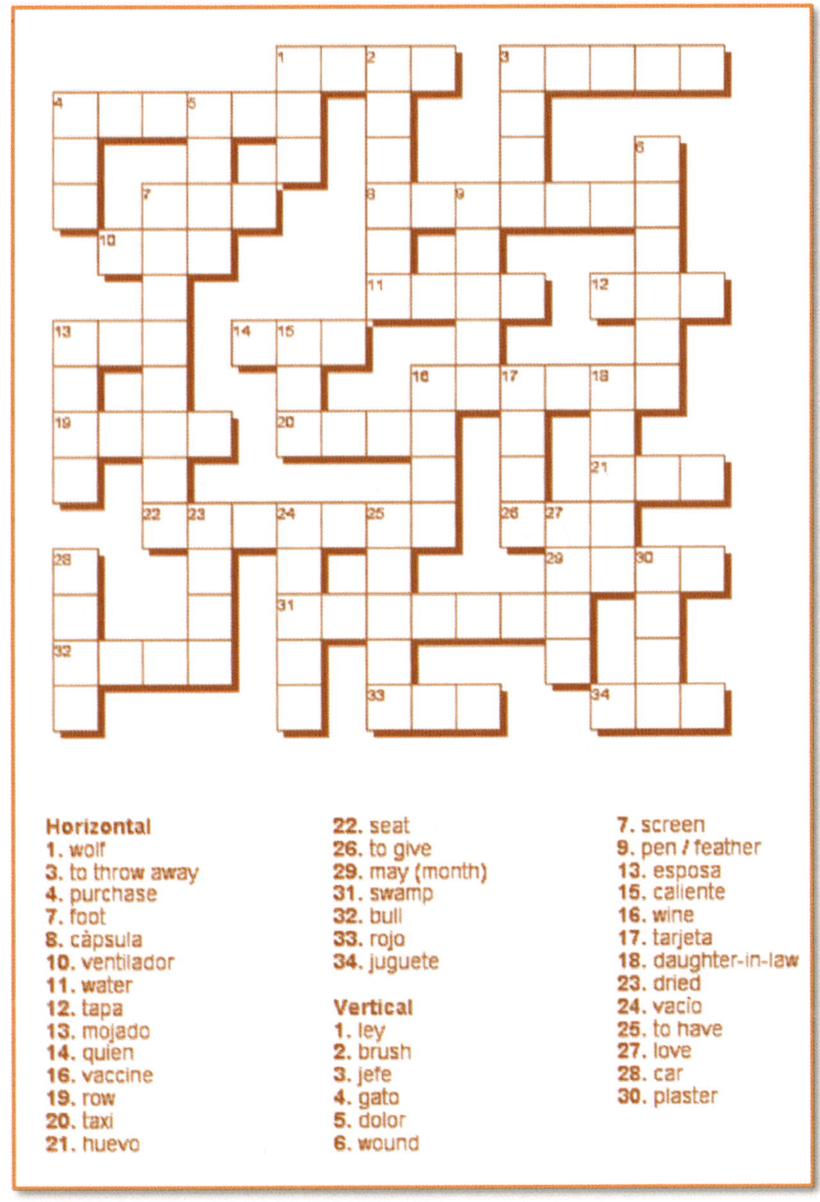

Horizontal
1. wolf
3. to throw away
4. purchase
7. foot
8. càpsula
10. ventilador
11. water
12. tapa
13. mojado
14. quien
16. vaccine
19. row
20. taxi
21. huevo
22. seat
26. to give
29. may (month)
31. swamp
32. bull
33. rojo
34. juguete

Vertical
1. ley
2. brush
3. jefe
4. gato
5. dolor
6. wound
7. screen
9. pen / feather
13. esposa
15. caliente
16. wine
17. tarjeta
18. daughter-in-law
23. dried
24. vacio
25. to have
27. love
28. car
30. plaster

Conjugación de Verbos ★★

Asocia la columna de la izquierda con la de la derecha:

1. *I have gone*	*g*	a. fuiste
2. You went *(imperfect)*		b. hemos estado
3. He wanted		c. pudimos
4. He has wanted		d. le gusta
5. We have been *[at...]*		e. he querido
6. She had to *(imperfect)*		f. has podido
7. You were *[my friend]*		*g. he ido*
8. I was *[your friend] (imperfect)*		h. me ha gustado
9. We could		i. ibas
10. I have done		j. me gustaba
11. She likes		k. hacía
12. You had to		l. ha querido
13. I have liked		m. quiso
14. I liked *(imperfect)*		n. teníamos
15. You have been able to		o. era
16. I did *(imperfect)*		p. he hecho
17. I have wanted		q. tenía que
18. We had *(imperfect)*		r. tuviste que

Los Verbos "SER" y "ESTAR" ★★

Usa el verbo SER o ESTAR de la manera correcta escribiendo en la(s) línea(s) en blanco:

1. Nosotros ____________ en la oficina cuando el terremoto empezó.
2. La botella que __________ en la mesa _________ rota.
3. Javier y su esposa ___________ en Europa hace cuatro años.
4. Este supermercado ____ ________ aquí por mucho tiempo.
   (usa el tiempo 'perfecto')
5. Javier y María ____ ___________ casados por cuatro años.
6. Inés _____ más inteligente que Doris pero Doris _____ más simpática.
7. Perú _______ tan grande como Colombia.
8. Las fiestas de graduación siempre ______ __________ en esta sala.
9. Nosotros __________ _________________ en Europa tres veces.
10. Cuando yo _________ joven, jugaba fútbol muy bien.
11. La reunión de ayer __________ muy larga.
12. El contrato ________ muy importante pero todavía no _________ listo.
13. El clima en Cuba __________ más cálido que el clima en Argentina.
14. Yo nunca _______ _____________ en París.
15. La puerta de mi casa ___________ abierta cuando el perro se escapó.

El Verbo "GUSTAR" ★★

Traduce las siguientes oraciones:

1. José likes to work at home. He doesn't like to go to the office.

   ____

2. Do you like milk in your coffee? No, I like sugar only.

   ____

3. My sister likes Latin music. I like classical music.

   ____

4. We like [the] mangos from Panama.

   ____

5. I like to eat at home. And you...? No, I like to eat at the restaurant.

   ____

6. A Cecilia no le gusta caminar sola.

   ____

7. ¿Te gusta cantar? Sí... pero también me gusta bailar.

   ____

8. No quiero comer brócoli porque no me gusta.

   ____

9. Azul es el color que me gusta más.

   ____

10. Me gusta el vino tinto, y... ¿a ti? A mí me gusta el vino blanco.

    ____

El Tiempo Imperfecto ★★

I. Llena los espacios en blanco con el tiempo apropiado: Imperfecto o Préterito Simple:

1. ¿Dónde ____________ cuando ____________ a tu casa?
Where were you when I went over to your house?

2. Jorge y Marisa ____________ en Argentina cuando yo los ____________
Jorge y Marisa were in Argentina when I met them.

3. Yo ____________ 19 años cuando ____________ la universidad.
I was 17 years-old when I finished school.

4. Mis padres ____________ en Europa en 1960.
My parents were in Europe in 1960.

5. José ____________ en la fiesta el viernes pasado ¿no?
José was at the party last Friday, wasn't he?

6. Cuando _________ jóvenes, ________ a nadar al lago todos los domingos.
When we were young, we used to go swimming to the lake every Sunday.

7. Mi esposa y yo ____________ en esta casa por trece años.
My wife and I lived in this house for 13 years.

8. Mi esposa y yo ____________ en esta casa en 1987.
My wife and I lived in this house in 1987.

9. Mi esposa y yo ____________ en esta casa.
My wife and I lived in this house.

10. Esta planta antes _________ en la sala pero ahora _________ en el patio.
Before, this plant was in the living room but now, it's in the patio.

II. Indica la forma correcta del verbo entre "Imperfecto" o "Pretérito Simple"

1. Yo [estaba / estuve] en París por 3 semanas.

2. Cuando [era / fui] joven, [tenía / tuve] muchos amigos en mi barrio.

3. Ayer [era / fue] la fiesta de Carmen. Yo no [iba / fui] porque [estaba / estuve] enfermo.

4. Cuando [tenía / tuve] diez años, mi amigo y yo [íbamos / fuimos] a la playa todos los sábados.

5. Antes del accidente, Carlos [podía / pudo] nadar muy bien.

6. Anoche, no [podíamos / pudimos] entrar al cine. No [había / hubo] asientos libres.

7. Por qué no [ibas / fuiste] a la reunión? Porque [tenía / tuve] que ir al doctor.

8. Estela tuvo un bebito de 7 libras. ¿Sí? Yo no [sabía / supe] eso.

Práctica de Verbos Básicos ★★

Selecciona la opción correcta:

1. ¿Dónde está _________ Janet? Ella _________ yendo a la casa de su tía.
a. viniendo / es
b. caminó / ir
c. yendo / estuvo
d. yendo / está

2. Claudia no ha _________ hacer su trabajo. Ahora va a _______ problemas.
a. tiene / tener
b. podido / tendrá
c. querido / tener
d. tenido / tendrá

3. Cuando Marta _____ joven, _____ a visitar a su abuela todos los sábados.
a. era / iba
b. era / fue
c. estaba / iba
d. fue / iría

4. ¿___________ que Alfredo fue mi profesor de química por dos semestres?
a. Conoces
b. Sabías
c. Supiste
d. Conocías

5. Javier _____ visitado muchos países. Brasil es el que le ________ más.
a. he / quizo
b. ha / gustó
c. estado / gusta
d. más / gustó

6. A ustedes no les _______ trabajar los viernes. A mí tampoco me _______.
a. gustan / gustó
b. gustas / gustan
c. gusta / gusta
d. quieren / quiero

7. Hoy ________ mucho calor. Tengo _________ de ir a la playa.
a. es / quiero
b. hace / que
c. hace / ganas
d. hay / ganas

8. ¿Puedes _______ conmigo al hospital? No, vas a __________ que ir sola.
a. ir / sola
b. vas / tienes
c. vas / tener
d. ir / tener

9. Jorge ______ por dos años en el banco. Ahora está _______ para su papá.
a. trabajó / trabajado
b. trabajado / trabajando
c. trabajó / trabajo
d. trabajó / trabajando

10. Cuando yo ________ más joven ____________ jugar fútbol todos los días.
a. fui / quiero
b. estaba / fui
c. era / tenía
d. era / podía

Práctica de Adverbios ★★

Llena los espacios en blanco con el adverbio correcto según la ilustración:

1. La lechuza está ______________ del sombrero.
2. El ______________ está debajo del zapato.
3. Los tomates están ____________ de la pelota.
4. La ______ está arriba/encima de los tomates y a la _______ de la mujer.
5. El autobús está ____________ el zapato y el sombrero.
6. El tigre está al ____________ del violín.
7. El tigre está a la ____________ del violín.
8. La mujer está a la ___________ de la bruja.
9. La guitarra está entre la ___________ y la ___________ .
10. El zapato está a la ___________ de los tomates y _________ de la mujer.

El Uso de "POR" y "PARA" ★★

I. Traduce las siguientes frases a español:

1. I was in Madrid for two weeks.

____

2. Janet bought a cotton shirt for her husband.

____

3. Peru is known for the ruins of Machu Picchu.

____

4. The cat went out the house through the basement window.

____

5. I want to travel all throughout Chile. That's why I want to learn Spanish.

____

II. Usa POR o PARA en los espacios en blanco:

1. Mi amigo Juan vive en Mississauga, ______ la biblioteca.
2. ¿ _______ qué se usa una aguja? Una aguja se usa _______ coser.
3. Voy a comprar un regalo _______ María.
4. Elena estuvo en Lima ______ tres años. Ella estuvo allí ______ estudiar.
5. Anoche caminé _______ el centro de Toronto _______ dos horas.
6. Necesitamos nuestro pasaporte _________ mañana.
7. Esas copas son ________ la fiesta. Denis las compró ______ $100.00.
8. Queremos cambiar estos pantalones negros ________ los marrones.
9. Yo siempre viajo a Montreal _______ avión.
10. La leche es buena ______ los huesos.

Habilidad Auditiva II ★★

Another audio exercise. Copy the **complete** URL on to your browser and your system's audio program will play the clip. Listen to the story very carefully.

As you listen to the story, do a full transcription. In other words, 'write in Spanish' the whole content of the recording.

You can also read along (aloud) and translate it. Don't forget to write down all the new words and review them later...!

https://torreblanca.ca/Homework/HabilidadAuditivaII-Resena.mp3

To check your work: The URL below is where you can download the full script. Try doing the transcription on your own first...!

https://torreblanca.ca/Homework/HabilidadAuditivaII-Resena.docx

Práctica de Vocabulario - Crucigrama 3

Completa el crucigrama llenando las casillas con la palabra correcta en inglés o en español según las pistas. Ten cuidado con las palabras que tienen diferentes significados. Escribe la apropiada para el número de casillas.

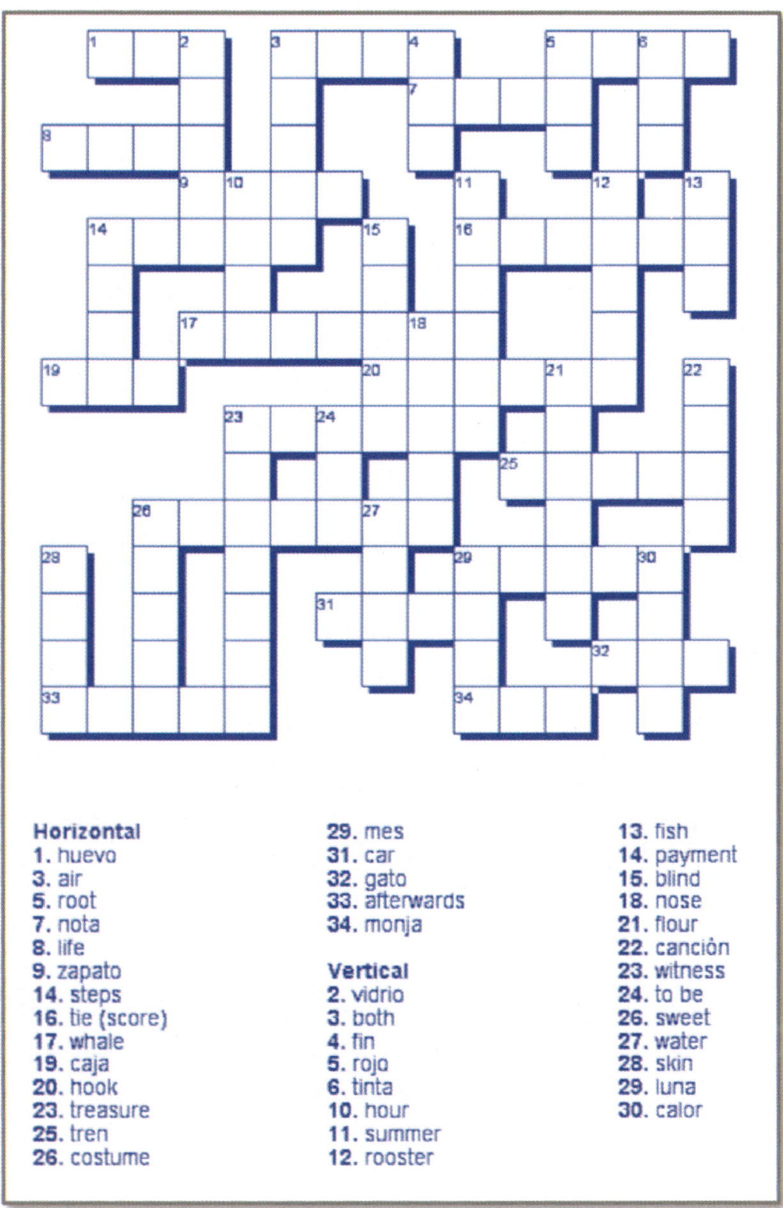

Horizontal
1. huevo
3. air
5. root
7. nota
8. life
9. zapato
14. steps
16. tie (score)
17. whale
19. caja
20. hook
23. treasure
25. tren
26. costume
29. mes
31. car
32. gato
33. afterwards
34. monja

Vertical
2. vidrio
3. both
4. fin
5. rojo
6. tinta
10. hour
11. summer
12. rooster
13. fish
14. payment
15. blind
18. nose
21. flour
22. canción
23. witness
24. to be
26. sweet
27. water
28. skin
29. luna
30. calor

Habilidad Auditiva III - Números ★★★

Escribe los números que escuchas en la grabación.

¡No imprimas el documento con las respuestas hasta que hayas tratado de hacer el ejercicio, por lo menos, una vez...!

https://torreblanca.ca/Homework/HabilidadAuditivaIII-Numeros.mp3

Verifica tus respuestas con el texto en el siguiente documento...

https://torreblanca.ca/Homework/HabilidadAuditivaIII-Numeros.docx

Práctica del Modo Subjuntivo ★★★

I. Llena los espacios en blanco con la manera correcta del modo Subjuntivo:

1. Queremos un apartamento que no ________ muy caro. *(ser)*
2. ¿No crees que alguien me _________ ayudar? *(poder)*
3. María prefiere que tú no __________ con ella. *(hablar)*
4. Aquí no hay nada que me __________ . *(interesar)*
5. Si _________ mucho dinero, _________ un Ferrari para mi novia. *(tener, comprar)*
6. ¿Prefieres una casa que __________ piscina? *(tener)*
7. Quiero que [tú] __________ a mi reunión. *(venir)*
8. Quiero que ellos no __________ tarde. *(llegar)*
9. Alicia quiere que [yo] __________ esta noche. *(cocinar)*
10. Miguel quiere que [tú] lo __________ a su partido de hockey. *(llevar)*
11. Mi hijo esperaba que [yo] lo __________ jugar. *(ver)*
12. Alicia quería que yo __________ ejercicios todos los días. *(hacer)*
13. ¡Mónica va a bailar hasta que no ________ mover las piernas...! *(poder)*
14. Yo quería que mis hijos no __________ tarde de la fiesta. *(llegar)*
15. Yo quería que tú __________ a la reunión. *(ir)*

II. Completa la oración en la columna de la izquierda con la oración correcta en la columna de la derecha (no todas las oraciones llevan, necesariamente, verbos en Subjuntivo...):

1. Yo no creo que pueda... __k__	a. ... no fuera a Roma; por eso ella fue
a París.	
2. Ojalá... ___	b. ... vaya a México, no voy a beber
tequila.	
3. Pienso que es bueno que... ___	c. ... viajaría por todo el mundo.
4. Jorge quiere que su esposa... ___	d. ... le devolvieran su dinero.
5. Mi mamá siempre me dijo que... ___	e. ... José fuera tan simpático!
6. Si [yo] fuera millonario... ___	f. ... esté jubilado, voy a viajar mucho.
7. Jamás [yo] pensé que... ___	g. ... su hijo no terminará la
universidad.	
8. Cuando... ___	h. ... sea muy feliz con él.
9. Tú le dijiste a Susana que... ___	i. ... ahorrara mi dinero.
10. Manolo cree que... ___	j. ... sepas la verdad.
11. La próxima vez que... ___	***k. ... ir a tu fiesta. Gracias por***
invitarme.	
12. El cliente demandó que... ___	l. ... no llueva mañana. Quiero ir a la
playa.	

Práctica de Verbos Básicos ★★★

Llena las casillas vacías con las letras apropiadas y en orden para deletrear la forma del verbo que se muestra en inglés:

#	English											
1	We went *(imperf.)*	a	b	o	í	m	s					
2	I would be [at]	t	s	a	r	e	í	a				
3	[They] have done	n	a	h		e	c	h	o	h		
4	I can *(present. subjunctive)*	p	e	u	a	d						
5	I had gone	h	b	a	í	a		d	o	i		
6	[She] could *(imperf.)*	d	o	í	p	a						
7	[We] have gone	m	e	h	o	s		o	d	i		
8	[I] was *(imperf.)*	r	a	e								
9	[You] have had	s	h	a		t	i	n	d	e	o	
10	[I] have been [at]	e	h		a	s	e	t	o	d		
11	[I] go *(present subjunctive)*	a	v	a	y							
12	[They] are going	s	t	á	e	n		y	d	e	n	o

Los Verbos "SER" y "ESTAR" ★★★

Llena los espacios en blanco con la manera correcta de SER o ESTAR:

1. Yo _________ en la oficina cuando el presidente del banco vino de visita.

2. Nosotros _____________ en Argentina hace cuatro años.

3. Nosotros _____________ en Argentina desde hace cuatro años.

4. Nosotros ________ _______________ en Argentina tres veces.

5. Mi casa _____________ allá pero ahora __________ aquí.

6. Me gustó mucho que Rosita ___________ en la fiesta conmigo.

7. Me gusta mucho que Rosita __________ mejor después de su operación.

8. Cuando ________ más viejo, voy a vivir en Florida.

9. Nuestra oficina __________ solamente a cuatro cuadras del centro.

10. Mis amigos _______ canadienses pero cuando los conocí _____________ en Chile.

11. No pensaba que [tú] _____________ tan bueno tocando el piano.

12. No pienso que [tú] ____________ listo para escribir el examen.

13. Roberto _____ ___________ el mejor empleado por tres meses.

14. Sara ________ una de las personas que conocí en la reunión.

15. Amalia no va a ir a trabajar hasta que su hijita ___________ bien.

Habilidad Auditiva IV ★★★

La narración que vas a escuchar es acerca de la inmigración a Canadá. Se trata de todo lo que envuelve, los problemas, beneficios, etc. Escribe, en español, lo que escuchas en la grabación.

https://torreblanca.ca/Homework/HabilidadAuditivaIV-Inmigrando.mp3

Este documento es el guión de lo que escuchaste previamente. Úsalo para verificar tu transcripción.

https://torreblanca.ca/Homework/HabilidadAuditivaIV-Inmigrando.docx

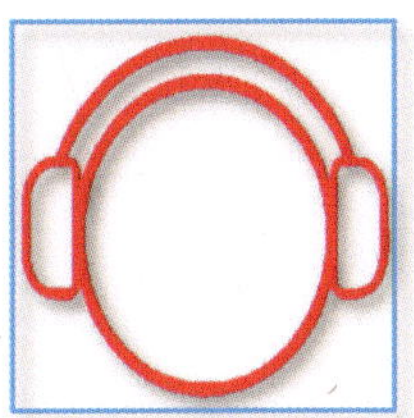

Práctica de Vocabulario (Refranes) ★★★

Termina el refrán que empieza en la columna de la izquierda con el texto apropiado en la columna de la derecha:

1. ***En boca cerrada... e***
2. Perro que ladra... ___
3. De tal palo... ___
4. En la tierra de los ciegos... ___
5. Más vale pájaro en mano... ___
6. Dime con quién andas... ___
7. A caballo regalado... ___
8. Camarón que se duerme... ___
9. Ojos que no ven... ___
10. Si el río suena... ___

a. ... que cien volando.

b. ... el tuerto es rey.

c. ... se lo lleva la corriente.

d. ... y te diré quién eres.

e. ... no entran moscas.

f. ... es porque piedras trae.

g. ... no muerde.

h. ... corazón que no siente.

i. ... no se le mide el diente.

j. ... tal astilla.

Práctica de Vocabulario - Crucigrama 4

Completa el crucigrama llenando las casillas con la palabra correcta en inglés o en español según las pistas. Ten cuidado con las palabras que tienen diferentes significados. Escribe la apropiada para el número de casillas.

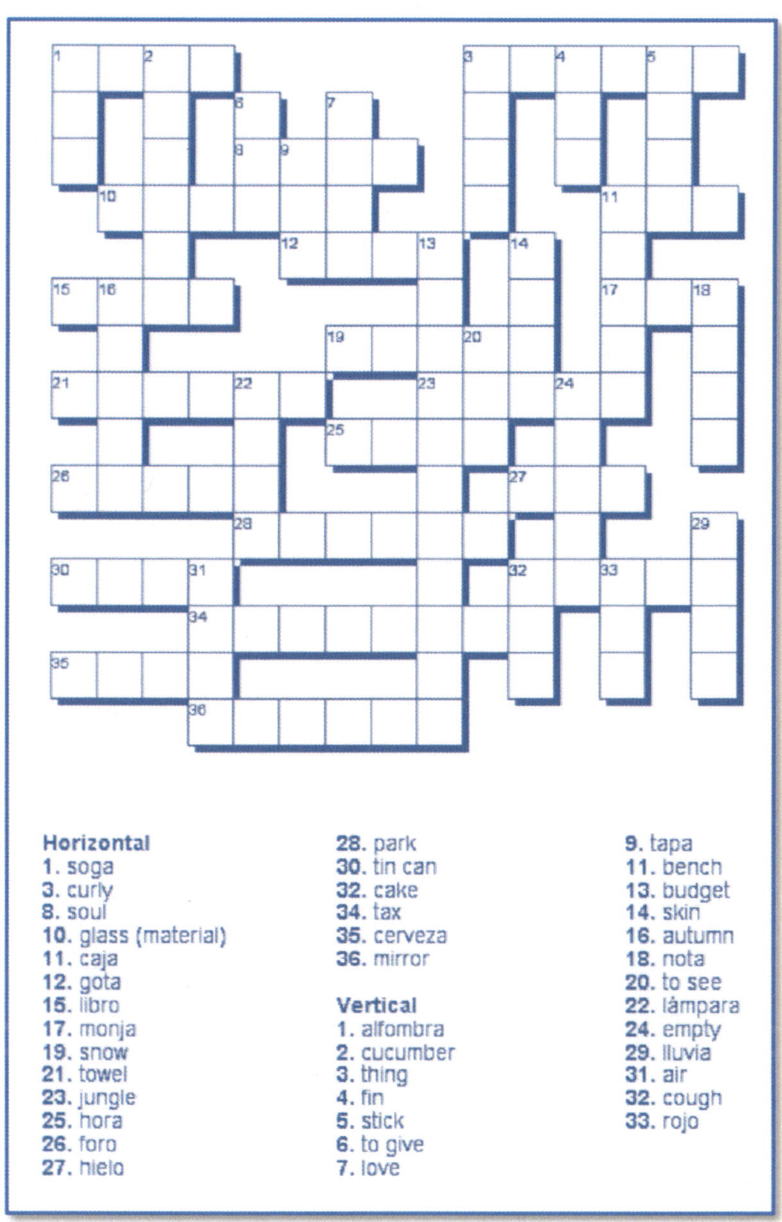

Una Nota del Autor / A Note from the Author:

Para cuando estés leyendo esta nota, habrás tenido la oportunidad de practicar español haciendo los ejercicios en este cuaderno.

Te agradezco el esfuerzo y espero que, no solo hayas disfrutado del contenido pero también que lo hayas encontrado beneficioso.

Es muy importante para mí saber tu opinión. Si en caso quisieras comentar acerca de los ejercicios o necesitaras alguna explicación adicional, por favor, no vaciles en comunicarte conmigo. Del mismo modo, siempre estoy disponible para programar una lección en persona o en línea.

By the time you read this note, you will have had the opportunity to practice Spanish by doing the exercises in this notebook.

I thank you for the effort and hope you not only enjoyed the content but also found it beneficial.

***It is very important to me to receive your feedback**. If you would like to comment on the content of this book or need any additional explanation, please do not hesitate to contact me. Also, I am always available to schedule a lesson in person or on-line.*

César E. Torreblanca
cesar@torreblanca.ca
www.torreblanca.ca

Mis Nuevas Palabras / My New Words:

Inglés	Español	M/F
[The] exercise	*[El] ejercicio*	*M*

Inglés	Español	M/F

Inglés	Español	M/F

Inglés	Español	M/F

Clave de Respuestas

Conjugación de Verbos ★ (pág. 5)

1. i 2. l 3. g 4. e 5. r 6. t 7. o 8. a 9. p 10. d 11. c 12. s
13. j 14. k 15. q 16. m 17. n 18. h 19. f 20. b

Los Verbos Ser y Estar ★ (pág. 6)

1. son, son 2. es 3. está 4. está 5. es 6. está 7. es, está
8. estamos 9. es 10. estás 11. son 12. está 13. es 14. son, son
15. está 16. es, está 17. está 18. son 19. están 20. es

¿Qué Hora Es? ★ (pág. 7)

a. Es la una
b. Son las ocho y cuarto / Son las ocho y quince
c. Son las diez y media
d. Son un cuarto para las siete / Son las siete menos cuarto
e. Son las once y veinte de la mañana
f. Son las once y veinte de la noche

Práctica de Vocabulario ★ (pág. 8)

C	l	a	s	e					
A	b	e	c	e	d	a	r	i	o
S	a	b	e	r					
T	a	r	e	a					
E	s	t	u	d	i	a	n	t	e
L	i	b	r	o					
L	e	c	c	i	ó	n			
A	c	e	n	t	o				
N	a	c	i	o	n	e	s		
O	b	j	e	t	o				

Práctica de Verbos Básicos ★

I. (pág. 9)

2. puedo, ir 3. está, quiero 4. son, son 5. tenemos, ir
6. hace, ir 7. pueden, está 8. puedo, hablar, tengo 9. está, puede
10. tengo, Tengo 11. es, es 12. quiere, ir, quiere 13. es, está
14. está, quieres 15. es, Son 16. fue, estuve

II. (pág. 11)

1. ~~tengo~~ 2. estamos 3. puede 4. van 5. puedo 6. tuviste
7. somos 8. voy 9. hiciste 10. pudimos 11. fuiste 12. estuviste
13. hice 14. estoy

Práctica con el Verbo IR ★ (pág. 12)

I.

1. I can't go to the market. I have to go to my uncle's house.
2. Did you go to the bar after the concert? No, I only went to the concert.
3. I'm not going to go to the store tonight. I already went this morning.
4. Where are we going to eat? We are going to go to an Italian restaurant.
5. With whom did you go to Carmen's party? I went with my husband.

II.

1. ¿Vas a ir a la oficina mañana?
2. Ellos no pueden ir a la fiesta.
3. Fuimos a ese restaurante tres veces.
4. Voy a ir a mi casa en dos horas.
5. ¿Te gusta ir al cine?

Práctica con el Verbo TENER ★ (pág. 13)

1. d 2. c 3. c 4. a 5. d 6. b

Crucigrama No. 1 (pág. 14):

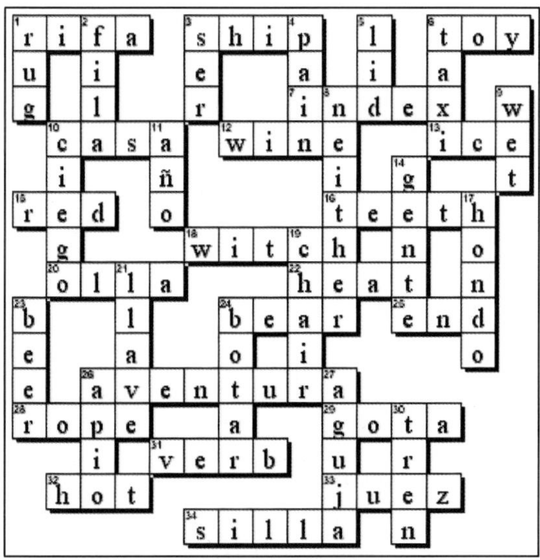

Pronombres y Adjetivos Demostrativos ★ (pág. 15)

1. ese 2. Esos 3. Esta 4. Esas 5. estas 6. eso 7. estos
8. Este, Ese 9. Esa 10. Esos 11. Esa, Ese 12. estos 13. Ese
14. Esto 15. Este 16. esto 17. estos / esos 18. Esa / esas

Posesivos ★

I. (pág. 16)

1. nuestra 2. mía 3. tuyos, de 4. mis 5. mi 6. tu / mía
7. de nosotros 8. Nuestro 9. mía, de 10. tuyas 11. mi, mis
12. tuyas, nuestras

II. (pág. 17)

1. c 2. b 3. a 4. d 5. c 6. b

Práctica de Vocabulario - Buscapalabras ★ (pág. 19):

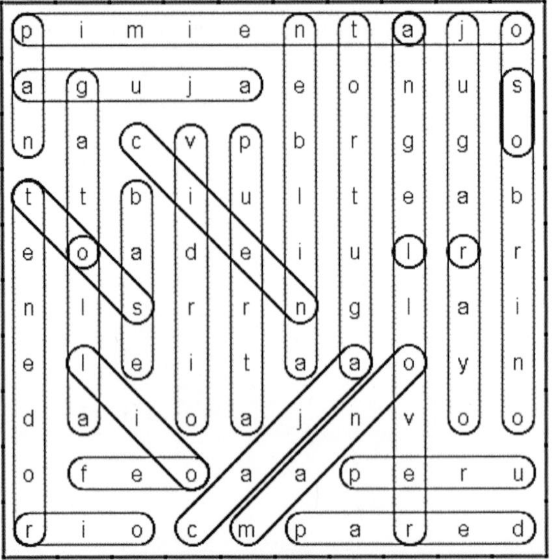

Práctica de Preposiciones ★★ (pág. 20)

Yo voy **con** mi mamá **al** mercado todos los sábados **en/por** la mañana. Pero, antes **de** ir **al** mercado, tenemos **que** ir **a** la carnicería. Mi familia come mucha carne y nos gusta mucho. Comemos carne **de** res, pollo, etc. Esta carnicería es **del** papá de mi amigo José; la carne **que** tienen es muy buena y **sin** grasa...!
Después **de** la carnicería, vamos **al** supermercado. Allí compramos muchas cosas **para** la familia. Frutas y verduras **para** mi hermana, té **para** mi abuelita, galletas **de** chocolate **para** mi hermanito y, cerveza **para** mi papá.

Después **de** comprar carne y comida, regresamos **a** la casa **para** limpiar. Mi papá trabaja **en** el jardín y mi mamá y mi hermana limpian la sala y los dormitorios. Yo estoy **con** mi abuelita **en** la cocina preparando el almuerzo.

En/Por la tarde, yo voy **al** cine **con** mis amigos. Las películas **que** más me gustan son las películas **de** acción y **de** romance. **Para** mí, ir **al** cine es la mejor parte **del** fin de semana.

Crucigrama No. 2 (pág. 21)

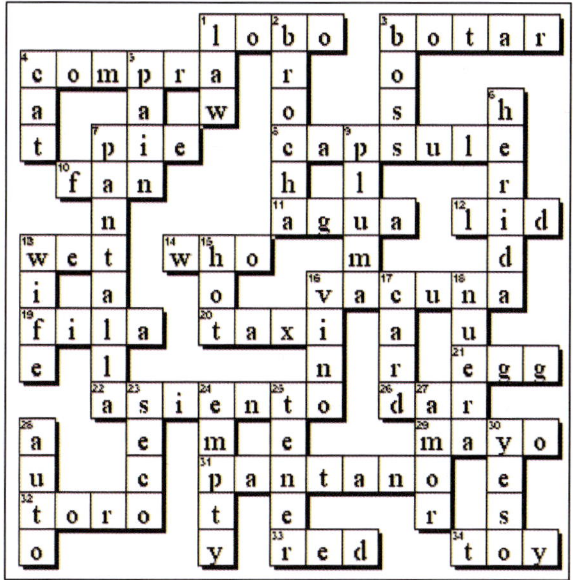

Conjugación de Verbos ★★ (pág. 22)

1. g 2. i 3. m 4. l 5. b 6. q 7. a 8. o 9. c 10. p 11. d 12. r 13. h 14. j 15. f 16. k 17. e 18. n

Los Verbos SER y ESTAR ★★ (pág. 23)

1. estábamos 2. está, está 3. estuvieron 4. ha estado 5. han estado 6. es, es 7. es 8. han sido 9. hemos estado 10. era 11. fue 12. es, está 13. es 14. he estado 15. estaba

El Verbo GUSTAR ★★ (pág. 24)

1. A José le gusta trabajar en su casa. A él no le gusta ir a la oficina.
2. ¿Te gusta leche en tu café? No, me gusta azúcar solamente.
3. A mi hermana le gusta la música latina. A mí me gusta la música clásica.
4. A nosotros nos gustan los mangos de Panamá.
5. A mí me gusta comer en la casa. ¿Y a ti? No, a mí me gusta comer en el restaurante.
6. Cecilia doesn't like to walk alone.
7. Do you like to sing? Yes... but I also like to dance.
8. I don't want to eat broccoli because I don't like it.
9. Blue is the color I like the most.
10. I like red wine. And you? I like white wine.

El Tiempo Imperfecto ★★

I. (pág. 25)

1. estabas, fui 2. estaban, conocí 3. tenía, terminé 4. estuvieron
5. estuvo 6. éramos, íbamos 7. vivimos 8. vivimos
9. vivimos *or* vivíamos 10. estaba, está

II. (pág. 26):

1. estuve 2. era / tenía 3. fue / fui / estuve 4. tenía / íbamos
5. podía 6. pudimos / había 7. fuiste / tuve 8. sabía

Verbos Básicos ★★ (pág. 27)

1. d 2. c 3. a 4. b 5. b 6. c 7. c 8. d 9. d 10. d

Práctica de Adverbios ★★ (pág. 28)

1. arriba *or* encima 2. paraguas 3. arriba *or* encima 4. bruja, izquierda
5. entre 6. lado 7. izquierda 8. derecha 9. mujer, lechuza
10. derecha, debajo

El Uso de "POR" y "PARA" ★★

I. (pág. 29):

1. Estuve en Madrid **POR** dos semanas.
2. Janet compró una camisa de algodón **PARA** su esposo.
3. Perú es conocido **POR** las ruinas de Machu Picchu.
4. El gato salió de la casa **POR** la ventana del sótano.
5. Quiero viajar **POR** todo Chile. **POR** eso quiero aprender español.

II. (pág. 29):

1. por 2. Para / para 3. para 4. por / para 5. por / por 6. para
7. para / por 8. por 9. por 10. para

Crucigrama No. 3 (pág. 31):

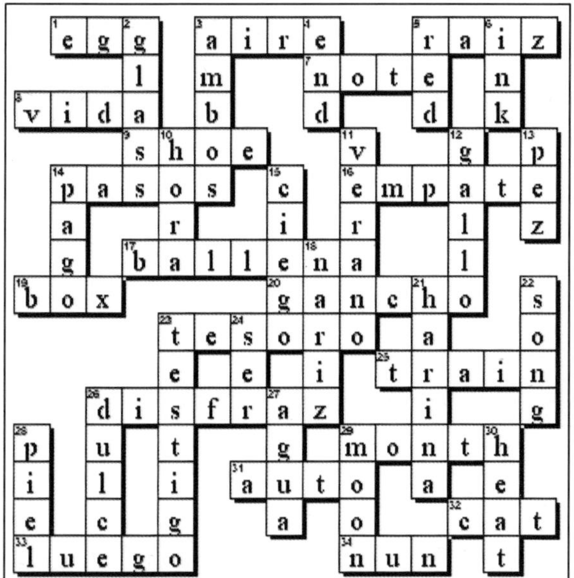

Práctica del Modo Subjuntivo ★★★

I. (pág. 33)

1. sea 2. pueda 3. hables 4. interese 5. tuviera, compraría 6. tenga 7. vengas 8. lleguen 9. cocine 10. lleves 11. viera 12. hiciera 13. pueda 14. llegaran 15. fueras

II. (pág. 34)

1. k 2. l 3. j 4. h 5. i 6. c 7. e 8. f 9. a 10. g 11. b 12. d

Verbos Básicos ★★★ (pág. 35)

1. íbamos 2. estaría 3. han hecho 4. pueda 5. había ido 6. podía 7. hemos ido 8. era 9. has tenido 10. he estado 11. vaya 12. están yendo

Los Verbos "SER" y "ESTAR" ★★★ (pág. 36)

1. estaba 2. estuvimos 3. estamos 4. hemos estado 5. estaba, está 6. estuviera 7. esté 8. sea 9. está *or* estaba 10. son, estaban 11. fueras
12. estés 13. ha sido 14. es *or* fue 15. Esté

Práctica de Vocabulario (Refranes) ★★★ (pág. 38)

1. e 2. g 3. j 4. b 5. a 6. d 7. i 8. c 9. h 10. f

Crucigrama No. 4 (pág. 39):

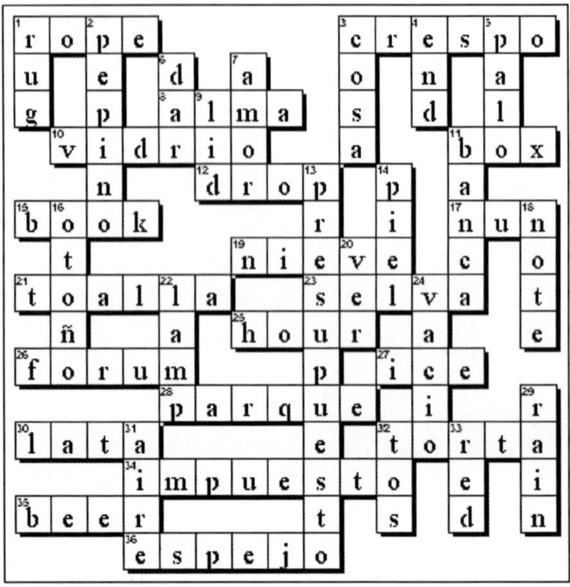

Printed in Great Britain
by Amazon